Thèse

pour la Licence.

L'acte public sur les matières ci-après sera soutenu,

le vendredi 9 février 1855, à deux heures,

par Nicolas GAVOIS, né à Abbeville (Somme).

Président : M. BRAVARD, Professeur.

Suffragants :
MM. PELLAT,
OUDOT,
COLMET-DAAGE, — Professeurs.
ROUSTAIN, — Suppléant.

Le Candidat répondra en outre aux questions qui lui seront faites sur les autres matières de l'enseignement.

PARIS,

VINCHON, FILS ET SUCCESSEUR DE Mme Ve BALLARD,

Imprimeur de la Faculté de Droit,

RUE J.-J. ROUSSEAU, 8.

1855.

A LA MÉMOIRE DE MON PÈRE.

———

A MA MÈRE.

JUS ROMANUM.

(D., lib. iv, tit. 7. Lib. xl, tit. 9. Lib. xlii, tit. 8.)

DE ALIENATIONE JUDICII MUTANDI CAUSA FACTA.

(Lib. iv, tit. 7.)

Si quis alienando rem nobis alium adversarium suo loco substituerit, idque data opera in fraudem nostram fecerit, proconsul in factum actionem proposuit qua tenetur, quanti nostra intersit alium adversarium nos non habuisse.

Hoc autem edictum pertinet non solum ad dominii translationem, verum ad possessionis quoque. Ait prætor : quæve alienatio judicii mutandi causa facta erit, id est si futuri judicii causa, non ejus quod jam sit. Quod si alio consilio alienatum sit, edicto locus non erit ; fieri autem potest ut sine dolo malo quidem possidere desierit, verum judicii mutandi causa id fiat ; potest autem aliquis dolo malo desinere possidere, nec tamen judicii mutandi causa fecisse ; nec hoc edicto teneri : neque enim alienat qui duntaxat amittit possessionem.

Requiritur adhuc ut ex hac alienatione conditio adversarii

facta sit deterior, verbi gratia, si alterius provinciæ hominen
aut potentiorem nobis opposuerit adversarium; item si res fuerir
usucaptæ ab eo cui alienatæ sunt, nec peti ab hoc possint.

Eo casu quo quis alienavit ne secum ageretur, datur in eur
actio in factum quæ in id quod interest competit; hæc actio no
est pœnalis, sed rei persecutionem arbitrio judicis contine
Quare et heredi, et in heredem, vel similem per annur
dabitur.

In eo casu quo quis alienavit ut potentior adversarius agerer
edictum ei actionem denegat. Ei autem qui alienavit ager
permittitur.

QUI ET A QUIBUS MANUMISSI LIBERI NON FIUNT ET AD LEGEM
ÆLIAM SENTIAM.

(D., lib. xl, tit. 9.)

Lege Ælia Sentia tempore Augusti lata ad restringendam ma
numittendi licentiam, cavetur ut qui servi a dominis pœna
nomine vincti sint, quibusve stigmata inscripta sint, vel quæsti
habita sit, vel ut bestiis depugnarent traditi, et manumis
postea, ejusdem conditionis fiant quam peregrini dedititii e
nunquam cives romani aut latini fieri possint.

Eadem lege cautum est ut minor xxx annorum servus vin
dicta manumissus civis romanus non fiat, nisi apud consiliur
causa probata fuerit; et ut dominus qui minor xx annorur
esset, non manumittat servum, nisi vindicta et causa eoden
modo probata.

Eadem lex in fraudem creditoris et patroni manumittere pro
hibet; quo casu nihil agitur quia lege libertas impeditur. Cre
ditores autem appellantur quibus quacumque ex causa acti
cum fraudatore competat; non tantum autem consilium, sec
etiam præjudicium requirebatur ut manumissio inutilis esset.

Si quis autem miraretur, non in ea causa rescissam fuisse libertatem, animadvertendum erit, eam si data jam fuisset, non revocari posse; quapropter nihil egisse manumissionem dictum est. Attamen medio tempore ante judicium in libertate degebat manumissus, et imo liber fiebat, si creditorum actiones extinguebantur, veluti solutione vel expromissione facta. Fisci autem actio post decem annos amittebatur.

Licet autem domino qui solvendo non est in testamento servum suum cum libertate heredem instituere, ut liber fiat heresque ei solus et necessarius, si modo ei nemo alius ex eo testamento heres exstiterit.

QUÆ IN FRAUDEM CREDITORUM FACTA SUNT UT RESTITUANTUR.
(D., lib. xlii, tit. 8.)

I. Creditoribus, bonis debitoris possessis, duas actiones prætor concessit, ad revocanda ea quæ in fraudem ipsorum facta erant : quarum una in rem concepta, locum habet in alienationibus, et rem non alienatam esse fingit; eo modo res apud possessorem quemcumque a creditore petitur, formula fictitia adhibita quasi adhuc debitoris esset. Hoc autem genus actionis vetustius fuisse et mox in desuetudinem abiisse videtur, cum nulla ejus mentio in Pandectis reperiatur, sed eam in Institutionibus, lib. ix, tit. vi, § 6, invenimus, nec non et in Theophilo.

Alteram actionem in personam prætor edicto proposuit quæ plenius in Digesto tractatur, et Pauliana dicitur a quodam Paulo prætore introducta his verbis : *quæ fraudationis causa gesta erunt, cum eo qui fraudem non ignoraverit, de his curatori bonorum, vel ei cui de ea re actionem dare oportebit, intra annum quo experiundi potestas fuerit, actionem dabo : idque etiam adversus ipsum, qui fraudem fecit, servabo.*

De hac actione autem videndum : 1° quæ gestorum appel
tione contineantur; 2° quæ requirantur ut actioni locus
3° quibus et adversus quos competat; 4° quid veniat in eo præ
tandum ; 5° denique intra quod tempus detur.

II. Verba vero edicti *quæ fraudationis causa gesta erunt,*
neralia sunt et continent omnem fraudem, vel alienatione
vel contractum, aut acceptilationem; aut pactum de non
tendo.

Fraudem etiam facit qui data opera ad judicium non adfuit,
litem mori patitur, vel a debitore non petit ut tempore liberet
aut usumfructum, vel servitutem amittit, vel rem suam pro
relicto habuerit, ut quis eam suam faciat.

III. Ut edicto locus sit quædam concurrere oportet :

1° Nempe ut debitor patrimonium diminuerit; non en
fraudantur creditores quum quid non acquiritur, veluti si q
hereditatem omittit, aut optionem intra certum tempus dat
non amplectitur, vel conditioni non paret ne committatur s
pulatio, vel legatum repudiat.

2° Oportet etiam ut is qui a debitore accepit, non suum rec
perit, nam nihil in eo casu creditor dolo facit. Idem erit e
sponte debitor solverit, etiamsi non stricto jure deberet; sec
autem si quum in diem deberetur fraudator præsens solver
Sed præcedens regula quasdam patitur exceptiones, quart
præcipua est si debitor, cum bona ejus possessa essent, solver

3° Adhuc necesse est ut consilium fraudis adfuerit in deb
tore vel tutore; hoc autem ex eo solo percipi potest quod scir
se alienando desiturum esse solvendo. Requiritur etiam cons
lium in eo quis convenitur, si titulo oneroso quid a debito
comparaverit. In his vero qui ex causa lucrativa acquirun
non necessaria est conscientia fraudis ut hoc edicto teneantu
quia certant pro lucro captando.

4° Ita demum revocatur quod gestum est, si eventum fra

habuit, scilicet si hi creditores quorum fraudandorum causa fecit, bona ipsius vendiderunt, nec sufficit pretium creditoribus. Hinc si creditoribus in possessionem missis, hereditas lucrosa obtigerit, qua addita omne æs alienum solvi possit, Pauliana jam cessat actio.

IV. Competit autem Pauliana creditoribus qui fraudati sunt et iis qui in jus eorum successerunt, contra eum qui fraudis conscius cum fraudatore contraxit, quamvis desierit rem habere, et imo nunquam ea ad illum pervenerit; competit etiam contra eum apud quem res causa lucrativa pervenerit, quamvis conscius non fuerit. Datur etiam contra ipsum fraudatorem, si bona dispendisset et non recuperari possit, scilicet in pœnam fraudis. Hæc actio in heredes similesque personas datur, in id quod ad eos pervenit.

V. Per hanc actionem res restitui debet, cum sua scilicet causa, id est fructus alienationis tempore cohærentes et post inchoatum judicium perceptos, vel qui percipi potuerunt a fraudatore, non autem fructus medii temporis.

Cum autem agatur in eum qui non possidet, tenetur ut creditores in pristinam causam restituat : hinc omnes debitores qui in fraudem liberati sunt per hanc actionem revocantur in pristinam obligationem, quo casu etiam medii temporis commodum quod quis consequeretur liberatione non facta, præstandum erit.

VI. Actionis hujus annum computandum utilem; de eo verum quod pervenerit apud reum post annum etiam competit.

POSITIONES.

I. An Pauliana actio sit in rem aut in personam? — Sunt dua actiones quarum altera in rem fictitia, altera in personam.

II. An solutio a debitore facta revocari possit, quum strict jure ad solvendum cogi non potuerit? — Non potest.

III. Dimissis prioribus creditoribus quos fraudare voluit de bitor, si alios postea sortitus sit, an Paulianæ locus sit? — Dis tinguendum.

IV. Si pater filio suo peculium profectitium habenti permi serit in fraudem creditorum rei peculii alienare, an sufficien competentes adversus patrem actiones creditoribus?—Sufficiunt.

V. Si fraudandi consilio debitor rem vendiderit, an sufficia cum eo contrahentem solum scivisse eum creditores habere, u alienatio revocetur? — Non sufficit.

DROIT FRANÇAIS.

(Code Nap., art. 1119-1122, 1165-1167.)

L'art. 1119, ainsi conçu : « On ne peut, en général, s'engager ni stipuler en son propre nom, que pour soi-même, » renferme deux propositions.

Première proposition. On ne peut s'engager en son propre nom que pour soi-même. — Le sens de cette rédaction si obscure au premier abord, est que celui qui *promet en son nom* le fait d'autrui n'est pas censé vouloir s'obliger ni se porter fort. C'est une disposition empruntée au droit romain, on la trouve énoncée dans un paragraphe des Institutes (*de inutilibus stipulationibus*); l'interprétation qui vient d'être donnée est confirmée par le texte de l'art. 1120, qui dit que l'on peut se porter fort pour un tiers en promettant le fait de celui-ci. Autrement, en effet, l'art. 1119 serait vide de sens; l'espèce serait celle-ci : une personne s'engage par pure libéralité en son propre nom pour une autre; l'engagement est nul, car on ne peut *s'obliger pour faire plaisir à autrui.* Mais la plus simple réflexion suffit pour montrer combien une pareille interprétation serait erro-

653

née, lorsque tous les jours on se rend utile à un débiteur en
portant caution de sa dette , ou en acceptant un mandat, ou
se chargeant d'une gestion d'affaires. Donc , quand on au
promis le fait d'autrui, pour savoir s'il y a ou non obligation
faut rechercher si on s'est porté fort , ce qui résultera d'un éc
ou d'un fait quelconque autre qu'un simple propos de conve
tion : en fait, les tribunaux n'admettront guère que celui qu
promis le fait d'autrui, par acte sous seing privé ou authentiqu
n'ait pas voulu se porter fort. C'est, en effet, le cas d'appliqu
l'excellente règle suivant laquelle on doit plutôt interprér
une convention dans le sens avec lequel elle peut produi
effet, que dans celui avec lequel elle n'en peut produire auc
(art. 1137).

Seconde proposition. On ne peut stipuler en son propre no
que pour soi-même.— On suppose une personne qui stipul
non comme mandataire ni gérant d'affaires, mais pour s
propre compte, et se fait promettre quelque chose au pr
d'un tiers, car ici stipuler veut dire : jouer dans la conventi
le rôle de futur créancier, acquérir la créance d'une dati
ou d'un fait qui sera attribué à un autre; cela ne se pe
d'après le texte même du Code, et d'un autre côté le tiers éta
étranger à la convention, n'acquiert pas de créance (art. 116
Pour jouer le rôle de créancier il faut que l'on puisse recueil
le bénéfice du contrat, autrement la convention n'a pas de sar
tion. Que demanderait en effet le stipulant devant les tribuna
en cas d'inexécution de la convention? S'il réclamait des do
mages-intérêts, ils ne pourraient être appréciés, puisq
l'inexécution ne lui a causé aucun préjudice, et par suite ils
pourraient lui être accordés.

Le sens du texte est celui-ci : on n'a pas d'intérêt à acquér
une créance qui profite à autrui, à moins que la stipulation
vous soit avantageuse, ou que son exécution au profit d'un tie

ne vous procure une utilité quelconque. Pour prévenir toute discussion sur l'intérêt de la convention pour le stipulant, on peut ajouter à la stipulation une clause pénale. Alors, en effet, le promettant ne peut plus refuser *impunément* l'exécution de son engagement; le stipulant a contre lui un moyen de coercition, il peut le faire condamner à lui payer le montant de la clause pénale; la stipulation a une sanction, elle est valable. L'art. 1227, qui fait tomber la clause pénale comme accessoire de l'obligation principale, quand celle-ci est nulle, ne saurait s'appliquer ici, parce que la clause pénale a précisément pour objet de couvrir le défaut qui empêchait l'obligation principale d'être valable.

Le Code établit deux exceptions au principe posé dans l'article 1119.

1° (art. 1121, 1er alin.). On peut stipuler au profit d'un tiers lorsque telle est la condition d'une stipulation que l'on fait pour soi-même, c'est-à-dire lorsqu'une personne, dans une convention, impose une charge au profit d'un tiers; elle est présumée alors faire à ce dernier offre du bénéfice, et si celui-ci accepte, elle lui transmet le droit qu'elle avait acquis elle-même; mais cette présomption tomberait devant une preuve contraire; car la règle n'est ici qu'une interprétation de volonté.

2° On peut stipuler au profit d'un tiers lorsque la stipulation est la condition d'une donation que l'on fait à un autre; ici la libéralité n'est pas assujettie aux formes ordinaires, mais elle est nulle si le donateur ou le tiers meurt avant l'acceptation.

D'après l'art. 1122, on est censé avoir stipulé pour soi et ses héritiers, à moins que le contraire ne soit exprimé ou ne résulte de la nature de la convention. Les héritiers, de même que tous les autres ayants cause à titre universel du stipulant, peuvent invoquer et doivent subir toutes les conventions de leur auteur.

Mais il en est différemment des ayants cause à titre par
culier, qu'autant qu'il s'agit des conventions qui n'ont ni au
menté ni diminué le droit cédé. Ainsi, mon voisin s'est enga
à labourer tous les ans mon champ en même temps que le sie
s'il vend son champ, l'acheteur ne sera pas obligé de faire
labourage promis ; car cet engagement du vendeur n'était p
une servitude attachée à son fonds : c'était une pure obligati
personnelle. Toutefois, cette théorie souffre une exceptio
l'art. 1743 oblige l'acquéreur d'une chose louée à respecter l
conditions du bail, pourvu que ce bail soit constaté par ac
authentique ou ayant date certaine. Cette exception a été intr
duite dans l'intérêt de l'agriculture et de l'industrie.

On peut très-bien stipuler pour ses héritiers sans stipuler po
soi-même. Ainsi, je puis stipuler que vous donnerez telle somm
à mon fils après ma mort. Une pareille disposition est très
valable.

Enfin, pour que nous soyons censés avoir contracté pour n
héritiers, en contractant pour nous-mêmes, il faut que le co
traire ne soit pas exprimé ou ne résulte pas de la nature de
convention. Il y a en effet des conventions dont l'objet est excl
sivement personnel au stipulant : telles sont les constitutio
des droits d'usufruit, d'usage, d'habitation.

(Art. 1165-1167.)

D'après l'art. 1165, les conventions n'ont d'effet qu'entre le
parties contractantes, c'est-à-dire entre ceux qui ont figuré a
contrat, soit par eux-mêmes, soit par un mandataire ou u
gérant d'affaires, soit enfin par les personnes dont ils so
les ayants cause à titre universel ou particulier.

Néanmoins, les conventions profitent aux tiers dans les hypo
thèses prévues par l'art. 1121 ; d'un autre côté, elles peuver
leur nuire en matière de concordat, puisque, dans ce cas, l
majorité des créanciers oblige la minorité malgré elle.

Le Code présente, comme une exception au principe énoncé ci-dessus, la faculté qu'il donne au créancier d'exercer les droits de son débiteur, à l'exception de ceux qui sont exclusivement attachés à sa personne ; c'est là une véritable inexactitude. Le créancier qui exerce les droits de son débiteur profite, il est vrai, des conventions qui les ont fait naître ; mais il n'est pas un tiers à l'égard du débiteur. Ces droits forment son gage de la même manière que tous les autres biens de celui-ci ; il est également son ayant cause par rapport à eux, et il peut agir sur ces droits à l'effet d'obtenir son payement. Il faut pour cela, bien entendu, que le débiteur ne satisfasse pas à la créance échue, et qu'il refuse lui-même d'exercer ses droits pour lui en donner le profit. Il sera même forcé, pour agir, de se faire autoriser par justice ; il est évident, en effet, qu'il n'est pas permis à un créancier de se mettre, de sa propre autorité, en possession du droit de son débiteur, droit qui est le bien de celui-ci.

La loi accorde au créancier un droit de gage sur tous les biens de son débiteur ; mais elle ne défend pas pour cela à ce dernier les conventions qu'il lui plaît de faire, et qui peuvent modifier le gage du créancier. Celui-ci est partie au contrat que fait le débiteur, et il doit en subir toutes les conséquences.

Cette règle générale doit nécessairement souffrir une exception ; car autrement elle laisserait les créanciers à la merci de leur débiteur, qui, par des aliénations frauduleuses, pourrait toujours faire disparaître leur garantie. Pour porter remède à ce danger, notre ancien droit adopta les principes du droit romain, et les créanciers eurent pour se défendre l'action Paulienne. Le Code, dans l'article 1167, leur conserve cette action ; ils peuvent toujours, en leur nom personnel, attaquer les actes faits par leur débiteur en fraude de leurs droits. Mais la loi se contente d'exposer ce principe ; elle n'entre dans aucun développement sur son application ; il faut donc s'en rapporter, pour les détails, aux règles du droit romain et à notre ancienne jurisprudence.

Le créancier qui intente l'action Paulienne doit prouver : 1° que l'acte lui a porté préjudice en causant ou augmentant l'insolvabilité du débiteur ; 2° qu'en accomplissant cet acte, le débiteur s'est rendu coupable de fraude, c'est-à-dire qu'il savait le tort qu'il causerait à ses créanciers ; 3° s'il s'agit d'un acte à titre onéreux, que le tiers contre lequel est dirigée l'action a participé à la fraude. Pour faire annuler les actes à titre gratuit, il faut toujours prouver qu'il y a eu fraude de la part du débiteur, mais il n'est pas nécessaire d'établir que le donataire a été son complice : ce dernier combat pour conserver un gain, tandis que les créanciers combattent pour éviter un préjudice, et la loi a dû naturellement préférer les créanciers. Toutefois, si le tiers avait participé à la fraude, il ne serait pas inutile d'en faire la preuve : il serait alors possesseur de mauvaise foi, et comme tel comptable non-seulement de ce qu'il aurait reçu, mais encore des fruits ou intérêts qu'il aurait retirés de la chose.

Dans le cas où le tiers acquéreur aurait lui-même transmis le bien à une autre personne, il faut faire la même distinction que celle énoncée ci-dessus. Si le nouveau détenteur possède à titre onéreux, il faut, pour faire annuler l'acte à son égard, prouver qu'il connaissait la fraude du débiteur ; s'il possède à titre gratuit, cela n'est pas nécessaire.

A Rome les créanciers ne pouvaient attaquer les actes par lequels le débiteur avait seulement négligé d'augmenter son patrimoine ; il en est de même chez nous, et il ne faut pas s'étonner de voir le Code permettre aux créanciers d'attaquer la renonciation que le débiteur fait à une succession, tandis que le droit romain ne le permettait pas. Il est facile de se rendre compte de cette différence. En droit français la renonciation à une succession diminue le patrimoine, car tout héritier devient propriétaire par le seul fait du décès de son auteur. A Rome, au contraire, l'héritier qui n'était pas sous la puissance du *de cujus* ne devenait propriétaire des biens que par l'adition, et par conséquent sa renonciation, l'empêchant seulement d'acquérir, ne devait pas donner lieu à l'action Paulienne.

Cette action n'appartient qu'aux créanciers dont la créance est antérieure à l'acte attaqué; eux seuls aussi profiteront de la révocation, car c'est à eux seuls que l'acte révoqué a pu porter préjudice, les créanciers postérieurs n'ont jamais pu compter sur des biens qui déjà n'étaient plus dans le patrimoine de leur débiteur lorsqu'ils ont contracté avec lui.

DE LA TIERCE OPPOSITION.

(Proc. civ., art. 474-479.)

La tierce opposition est une voie ouverte à une personne pour attaquer un jugement, en tant qu'il porte préjudice à ses droits, lorsque cette personne n'a figuré dans l'instance ni par elle-même, ni par ceux qu'elle représente.

Le jugement attaqué par cette voie n'est pas annulé en entier : il subsiste entre les parties et à l'égard de ceux qui n'en ont pas souffert; son annulation n'est relative qu'aux tiers étrangers à l'instance, qui en éprouvent un préjudice et qui l'ont attaqué.

Parmi les différents cas auxquels la tierce opposition est applicable, on peut citer, entre autres, celui où le débiteur se rendant coupable de collusion avec son adversaire, s'est laissé condamner en fraude des droits de ses créanciers. Ces derniers en effet peuvent s'opposer à ce jugement qui leur nuit, en se fondant sur ce qu'ils n'ont pas été représentés dans l'instance. Le débiteur, il est vrai, représente en principe ses créanciers, et perd ou gagne pour eux comme pour lui-même, mais il n'en est plus de même, et il devient plutôt un adversaire quand il s'agit de mauvaise foi et qu'il se laisse condamner à dessein.

Un des plus fréquents avantages de la tierce opposition, c'es
d'empêcher l'exécution du jugement et d'éviter par là le pré
judice de fait que le tiers pourrait en ressentir. Ainsi, pou
prendre un exemple, supposons que le possesseur d'un immeubl
dont je me prétends propriétaire, soit condamné, sur la demand
d'un voisin et en vertu d'une prétendue servitude de vue, à fair
abattre des arbres situés sur l'immeuble. Ce jugement sans dout
ne préjudicie pas à mes droits, en ce sens qu'il ne fera pa
naître à mon égard, sur mon bien, une servitude qui n'exist
pas; mais par son exécution il pourra me causer un préjudic
de fait en définitive irréparable ; je verrai abattre ces arbre
que j'avais parfaitement le droit de conserver en face de la ma
son du voisin, et il me sera absolument impossible de les rem
placer. En formant tierce opposition à ce jugement dans lequ
je n'ai pas figuré, je pourrai en arrêter l'exécution, et me sous
traire par conséquent au préjudice dont j'étais menacé.

Mais il ne faudrait pas croire que la tierce opposition pro
duise directement et par elle-même cet effet suspensif, comm
le produit généralement la voie de l'appel. S'il en était ains
on aurait à craindre les complaisances coupables qui pour
raient faire traîner en longueur l'exécution de la condamna
tion ; d'un autre côté, il est possible qu'il n'y ait pas de moti
suffisants pour suspendre l'exécution du jugement. Aussi
c'est au juge qu'il appartient de décider à ce sujet, suivant le
circonstances. La loi veut même que le jugement soit exécute
nonobstant toute tierce opposition, dans le cas où il s'agit d'u
jugement passé en force de chose jugée qui condamne à délai
ser la possession d'un héritage. On redouble ici de précaution
parce qu'on craint davantage encore les oppositions de mau
vaise foi, et que d'ailleurs le refus de suspendre l'exécution d
jugement cause au tiers opposant un préjudice beaucoup moin
grave qu'en toute autre matière.

La tierce opposition principale, celle qui se forme en dehors de toute instance, exige le préliminaire de conciliation ; la tierce opposition incidente, celle qui s'élève dans le cours d'une instance, en est dispensée. Le texte de l'art. 48 du Code de procédure civile ne laisse aucun doute à cet égard ; il n'exige le préliminaire de conciliation que pour les demandes principales introductives d'instance. La tierce opposition principale est portée, dans tous les cas, devant le tribunal qui a rendu le jugement attaqué ; ce tribunal, en effet, pourra, mieux que tout autre, vérifier la véritable portée de sa sentence et en prévenir ou réparer le préjudice à l'égard des tiers. Afin d'éviter les déplacements et la division des débats, la tierce opposition incidente est portée par simple requête devant le tribunal saisi de l'instance principale, à moins qu'il ne soit inférieur au tribunal qui a rendu le premier jugement. Dans ce cas, elle est portée par action principale à ce dernier tribunal, parce qu'un tribunal inférieur n'a pas qualité pour réformer les décisions d'un tribunal supérieur ; mais elle ne cessera pas pour cela d'être incidente, et par conséquent d'être dispensée du préliminaire de conciliation.

Pour punir une action témérairement intentée, le Code condamne la partie dont la tierce opposition est rejetée à une amende d'au moins 50 fr., sans préjudice des dommages-intérêts de là partie s'il y a lieu.

SAISIE-ARRÊT OU OPPOSITION.
(Code de proc., art. 557-582.)

La saisie-arrêt est la première des voies d'exécution indiquées par le Code. Elle peut être définie : un acte fait par huissier, par lequel un créancier met sous la main de justice tout ou partie des créances et droits de son débiteur, en faisant au

débiteur de ce dernier défense de s'acquitter en d'autres ma
que les siennes.

Le principe de cette voie d'exécution se trouve dans l'
ticle 2092 du Code Napoléon, d'après lequel quiconque s'
obligé personnellement est tenu de remplir ses engageme
sur tous ses biens corporels ou incorporels, en d'autres term
sur ses droits, sur ses créances, aussi bien que sur
immeubles ou sur les meubles corporels qui peuvent lui app
tenir.

L'usage et la loi ont conservé dans cette procédure
expressions de saisissant, tiers saisi et débiteur saisi, qui s'a
pliquent : la première, au créancier auteur de la saisie;
seconde, à celui qui reçoit la défense de payer, et la dernié
à celui qui devait recevoir le payement.

L'État ne peut jamais être débiteur saisi, parce qu'il est to
jours présumé solvable, et parce qu'il y aurait eu lieu
craindre que les services publics ne fussent entravés par d
oppositions inattendues; il en est de même des communes
pour les mêmes raisons.

La saisie-arrêt n'exige pas de titre exécutoire comme tout
les autres voies d'exécution forcée, et par conséquent elle n'e
pas nécessairement précédée d'un commandement préalabl
Elle n'a même besoin, à la rigueur, d'aucun titre, soit authe
tique, soit privé, car il est facile d'obtenir sur requête, no
communiquée à l'adversaire, permission du président de saisi
arrêter provisoirement. La notification au débiteur saisi d
titre que l'on peut avoir n'est pas non plus nécessaire; il fa
seulement l'énoncer dans l'exploit. Si la créance n'est p:
liquide, il suffit de l'évaluer provisoirement dans l'exploit.

On voit par ce qui précède que la saisie-arrêt présente u
caractère spécial, qui établit entre elle et les autres voi
d'exécution une distinction bien tranchée. Sa nature est véri

tablement mixte : elle est bien un acte d'exécution à cause de sa tendance et de ses résultats, mais à son origine elle est plutôt un simple acte conservatoire ; car elle ne tend pas immédiatement à contraindre le tiers saisi à vider ses mains dans celles des créanciers, elle tend seulement à l'empêcher de payer le débiteur saisi au détriment du saisissant.

Il ne suit pas de là néanmoins que les créanciers conditionnels ou à terme puissent saisir-arrêter ; cette voie n'est ouverte qu'aux créanciers ayant un droit certain et une créance actuellement exigible.

Le tiers saisi ne peut, sans s'exposer à payer deux fois, s'acquitter entre les mains de son créancier, à partir du jour où l'exploit lui a été signifié ; il est par suite d'une grande importance que ce jour soit constaté d'une manière authentique. Aussi les ministres de la marine et des affaires étrangères ne sont pas chargés, comme en matière d'ajournement, de remettre l'exploit de saisie aux personnes non demeurant en France sur le continent, parce qu'il serait trop difficile de connaître d'une manière précise le jour où l'exploit est parvenu entre les mains du tiers saisi ; la loi, dans ce cas, prescrit de faire la signification directement, soit à personne, soit à domicile. Il faut bien remarquer que la défense de payer l'acte au tiers saisi s'applique à tout ce qu'il doit, et non pas seulement à la partie de la dette qui pourrait suffire à désintéresser le saisissant.

Le tiers et le débiteur saisis n'ont à craindre, ni l'un ni l'autre, une saisie-arrêt signifiée par malice ou par méchanceté, à la requête d'un être imaginaire : la loi a prévu le cas et y a pourvu ; l'huissier est tenu de justifier, s'il en est requis, de l'existence du saisissant à l'époque où le pouvoir de saisir lui a été donné, et cela sous peine d'interdiction et de dommages-intérêts des parties.

Il importe que le créancier fasse promptement connaître
son débiteur la saisie-arrêt qu'il a pratiquée, afin que celui-
puisse lever les obstacles mis à l'exercice de son droit, soit e
désintéressant le saisissant, soit en prouvant que la saisie e
mal fondée. La loi donne huit jours au créancier pour fai
cette notification, à partir de la signification de la saisie, et d
plus, à ce délai de huitaine elle ajoute autant de jours que l'o
compte de fois trois myriamètres entre les domiciles du créar
cier et du tiers saisi, et aussi entre le domicile du débiteur e
celui du saisissant.

Mais il ne faut pas en rester là : le créancier ne doit pa
attendre que son débiteur, gêné par la saisie-arrêt, finisse pa
le désintéresser. La défense de payer n'est faite au tiers sais
qu'en attendant que la justice ait ordonné à ce tiers de verse
ce qu'il doit dans les mains du saisissant, et, par conséquent, l
justice doit être promptement saisie de l'affaire. Le créancie
est obligé, dans le délai ci-dessus indiqué, et sous peine d
nullité de la saisie, de joindre à la dénonciation de la saisie
arrêt une assignation en validité, c'est-à-dire une assignatio
pour son débiteur, à comparaître devant le tribunal de so
domicile, afin de faire juger que la saisie-arrêt est valable, e
qu'en conséquence, le tiers saisi payera entre les mains du
saisissant. Arrivée à ce point la saisie-arrêt commence à chan-
ger de caractère : ce n'est plus un simple acte conservatoire,
c'est alors une véritable voie d'exécution.

Le créancier doit retourner au tiers saisi pour l'avertir que
la demande en validité a été formée; la loi lui accorde pour ce
faire un second délai de huitaine, plus les délais de distance,
s'il y a lieu. Passé ce temps, le tiers saisi qui n'a pas été averti
pourra croire que la saisie-arrêt n'était pas sérieuse, les payements
qu'il fera seront valables, sans que néanmoins la saisie
se trouve annulée.

Pour que le tribunal puisse rendre son jugement, il faut, entre autres choses, avoir la reconnaissance volontaire ou la preuve judiciaire que le saisi est vraiment créancier du tiers saisi. Ce dernier devra donc être assigné comme témoin devant le tribunal qui connaît de la saisie, pour déclarer quelle est sa véritable position.

S'il fait une déclaration négative, et que cette déclaration ne soit pas admise par le saisissant, il a le droit d'exiger que la contestation soit portée devant ses propres juges; alors, en effet, il n'est plus seulement témoin, il devient partie.

Le tiers saisi ne peut être assigné en déclaration qu'autant qu'il y a titre authentique ou jugement qui ait reconnu la réalité de la créance du saisissant. Il suit de là que s'il n'y a pas de titre authentique, il faut d'abord faire juger la demande en validité.

Le tiers saisi fait sa déclaration au greffe du tribunal, ou même devant le juge de paix de son domicile; il énonce, dans cette déclaration, toutes les saisies-arrêts faites entre ses mains, et, si plus tard il en survient de nouvelles, il en avertit l'avoué du premier saisissant, afin que ce dernier puisse contester, s'il y a lieu, la réalité des créances qu'on veut faire concourir avec la sienne. Il est, en effet, à observer que le créancier qui a saisi le premier n'est pas payé par préférence aux autres si sa créance n'a pas par elle-même une cause légitime de préférence.

Si la saisie-arrêt est déclarée valable, il est procédé à la vente et à la distribution du prix, comme il est dit au titre de la distribution par contribution.

Les trois articles (580, 581, 582) qui terminent cette matière présentent un certain nombre d'hypothèses dans lesquelles il est fait exception à la règle fondamentale, que les biens meubles et immeubles, corporels et incorporels d'un débiteur, forment le gage de ses créanciers. Ces restrictions sont fondées sur des considérations d'intérêt public et d'humanité.

DE LA FAILLITE.

(Code de com., tit. 1, dispositions générales, chap. 1, art. 437-450.)

La faillite est l'état d'un commerçant qui cesse ses payements Son actif peut être encore plus considérable que son passif mais il a perdu son crédit commercial.

La faillite est un fait qui existe par lui-même, un fait qu'un jugement déclaratif viendra constater, mais ne créera pas.

Un commerçant peut être déclaré en faillite, même après son décès, lorsqu'il est mort en état de cessation de payements mais il faut que le jugement déclaratif soit prononcé d'office dans l'année qui a suivi le décès, ou du moins que la demande de mise en faillite soit formée dans le courant de cette année.

Il est d'une grande importance que la faillite soit rapidement connue et constatée ; aussi, dans les trois jours de la cessation de payements, le failli doit en faire la déclaration au greffe du tribunal de commerce, et déposer en même temps son bilan contenant l'état de son actif et de son passif, le tableau des profits et pertes, et enfin le montant de ses dépenses, sous peine de pouvoir être condamné comme banqueroutier simple. S'il ne dépose pas son bilan, il doit déclarer les motifs qui l'en ont empêché. Lorsqu'une société cesse ses payements, elle doit aussi le déclarer, dans les trois jours, au greffe du tribunal de commerce où se trouve le siége de l'établissement principal ; cette déclaration contiendra, non-seulement la raison de commerce et le domicile de la société, mais encore le nom et le domicile particulier de chacun des associés personnellement responsables.

A défaut de déclaration de la part du failli, la faillite peut être déclarée par le tribunal, à la demande de tout créancier, ou sur l'avis du procureur impérial, ou même d'office.

Le tribunal, dans son jugement déclaratif ou dans un autre ultérieur, fixe l'époque précise à laquelle se place la cessation de payements; lorsque cette détermination n'a pas été faite, la cessation de payements est réputée avoir eu lieu à partir du jugement déclaratif de la faillite.

Dans le cas où la faillite est déclarée après le décès d'un commerçant, il est bien évident que la cessation de payements devra remonter tout au moins au jour du décès.

Le jugement déclaratif de faillite peut être attaqué par l'opposition ou l'appel, mais il est exécutoire provisoirement. Il doit être affiché et inséré par extrait dans les journaux, tant dans les lieux où la faillite a été déclarée que dans tous les lieux où le failli possède des établissements commerciaux. La même publicité est exigée pour tout jugement qui changerait ultérieurement l'époque de la cessation de payements.

Le jugement déclaratif emporte, pour le failli, dessaisissement de l'administration de ses biens, même de ceux qui peuvent lui échoir tant qu'il est en état de faillite. Dès lors toutes les actions intentées ou à intenter contre lui doivent être suivies contre les syndics, qui sont en même temps ses représentants et ceux de la masse. Dès ce moment aussi, les créanciers ne peuvent plus exercer de poursuites individuelles, qui consumeraient en frais une grande partie de l'actif : ils sont dessaisis du droit de faire individuellement des actes d'exécution. Les créanciers hypothécaires, privilégiés ou gagistes, font exception à cette règle, relativement aux immeubles grevés d'hypothèques ou privilégiés, ou aux meubles donnés en nantissement. Toutefois le locateur, quoiqu'il puisse être considéré comme nanti des meubles de son locataire, ne peut pas agir, pour se

faire payer sur les effets mobiliers servant au commerce
failli, pendant trente jours à partir du jugement déclarat
Grâce à cette disposition, les créanciers pourront juger de co
cert s'il ne serait pas convenable de continuer le commerce
failli, en désintéressant le locateur ; mais, bien entendu, si
dernier était en droit de reprendre possession des lieux lou
la suspension des voies d'exécution n'aurait plus aucune rais
d'être et cesserait de plein droit.

Afin de ne pas prolonger indéfiniment la liquidation de
faillite, la loi statue que le jugement déclaratif rendra exigib
toutes les dettes du failli, sans que pour cela les créancie
puissent se prétendre libérés par compensation de ce qu'ils pe
vent devoir eux-mêmes.

Le jugement déclaratif de faillite a encore pour effet d'a
rêter le cours des intérêts, non pas à l'égard du failli, mais
l'égard de la masse. Toutefois, les intérêts des créances gara
ties par privilége, nantissement ou hypothèque, peuvent ê
réclamés, mais seulement sur les sommes provenant des bie
affectés à la sûreté de ces créances.

Lorsque l'accepteur d'une lettre de change tombe en failli
cette lettre de change devient de suite exigible comme tout
les autres dettes du failli. Comme toutes ces dettes aussi, el
n'a plus droit qu'à sa part proportionnelle de l'actif, et ce
part n'est payée que lors de la répartition. Le porteur de
lettre de change est donc exposé à ne pas recevoir son pay
ment en entier, et à ne pas le recevoir à l'échéance. Mai
comme le tireur et les endosseurs se sont engagés à lui procur
un payement complet à une échéance déterminée, la loi l
donne le droit de leur demander une garantie équivalent
c'est-à-dire une caution, si toutefois ils n'aiment mieux pay
immédiatement.

Le législateur n'a pas trouvé que l'art. 1167 du Code Nap

léon protégeât suffisamment les intérêts des créanciers, en matière de faillite. Afin de prévenir la multiplication des procès, et d'atteindre plus sûrement la fraude, toujours si difficile à prouver, il a frappé d'une nullité de plein droit certains actes, lorsqu'ils n'ont eu lieu que depuis la cessation de payements, ou dans les dix jours qui l'ont précédée ; et il a permis aux juges d'annuler certains autres actes, s'ils ne remontaient pas plus haut que la cessation de payements et s'il était prouvé qu'en traitant avec le failli les tiers connaissaient le mauvais état de ses affaires. De même encore les juges ont le pouvoir d'annuler les hypothèques prises après la cessation de payements, ou même dans les dix jours qui l'ont précédée, s'il s'est écoulé plus de quinze jours entre la date de l'acte constitutif et celle de l'inscription. Quant aux actes faits dans le temps qui précède la cessation de payements et les dix jours antérieurs, ils sont soumis aux règles ordinaires, c'est-à-dire à l'article 1167 du C. Nap.

D'après l'art. 447, qui renferme le principe développé ci-dessus, le payement d'une lettre de change ou d'un billet à ordre, fait depuis la cessation de payements, peut donner lieu à un rapport à la masse, mais seulement contre celui pour le compte duquel la lettre de change a été fournie, ou contre le premier endosseur du billet; et il faut de plus que ces derniers aient eu personnellement connaissance de la cessation des payements, au moment de l'émission de l'effet. Quant au porteur lui-même, il ne devait pas être soumis au rapport pour avoir reçu son payement, malgré sa connaissance de la faillite; il est, en effet, forcé de le recevoir, puisque, dans ce cas, il n'a pas la faculté de faire un protêt pour conserver ses droits.

QUESTIONS.

I. Les actions en rescision pour incapacité ou vice de consentement, sont-elles exclusivement attachées à la personne — Non.

II. Les créanciers ont-ils besoin de prouver la fraude d leur débiteur pour faire révoquer la renonciation qu'il a fait à un usufruit? — Oui.

III. En est-il de même pour le cas de renonciation à un succession? — Oui.

IV. L'action Paulienne peut-elle être exercée contre le sous acquéreur de bonne foi? — Oui, dans les mêmes cas où elle e accordée contre l'acquéreur.

V. Les créanciers postérieurs à l'acte attaqué profiteront-i de l'action révocatoire intentée par les créanciers antérieurs — Non.

VI. Quelle est la durée de l'action Paulienne? — Trente ans

VII. La faillite d'une société en nom collectif entraîne-t-ell celle de chacun des associés? — Non.

Vu par le Président de la thèse,
BRAVARD.

Vu par le Doyen,
C.-A. PELLAT.